RAPPORT

AU

VIme CONGRÈS INTERNATIONAL DE PSYCHOLOGIE

GENÈVE, 3-7 AOUT 1909.

LES PROBLÈMES

DU SUBCONSCIENT

PAR

M. le Dr PIERRE JANET

Professeur de Psychologie au Collège de France.

(EXTRAIT DES COMPTES RENDUS DU CONGRÈS)

(Publié le 22 juillet 1909)

GENÈVE

SECRÉTARIAT DU CONGRÈS

Av. de Champel, 11

LES PROBLÈMES DU SUBCONSCIENT

Par M. le Dr Pierre Janet
Professeur de psychologie au Collège de France.

Les études sur *l'inconscient* sont fort anciennes : ce sont des études de métaphysique sur la possibilité d'une intelligence différente de l'intelligence humaine, indépendante de la conscience et de ses conditions telles que nous les constatons en nous-mêmes. Les recherches sur *le subconscient* sont au contraire beaucoup plus récentes : ce sont des études cliniques et psychologiques qui ont pris naissance à propos des difficultés que soulevait l'interprétation de certains troubles mentaux tout particuliers. Le mot « subconscient », si l'on s'en tient à la signification que je lui donnais quand j'en ai proposé l'usage en 1886-1889, se borne à résumer les caractères singuliers que présentent à l'observateur certains troubles de la personnalité au cours d'une névrose particulière, de l'hystérie. Il me semble utile de rappeler cette signification primitive pour éviter de s'engager dans des recherches stériles qui se sont greffées sur ces premières études et pour comprendre les véritables problèmes que l'on peut examiner fructueusement à propos du subconscient.

I

Les troubles de la notion de la personnalité se rencontrent très fréquemment dans les études de psychiatrie. On ne constate pas seulement des troubles dans la conception que les malades se font de leur propre personne, quand ils prétendent, par exemple, être un roi ou un animal ; on rencontre aussi des altérations curieuses dans la conscience que les sujets ont de leurs propres phénomènes psychologiques, dans l'assimilation, l'incorporation de tel ou tel phénomène au sentiment qu'ils ont de leur propre personne. Il est incontestable, en effet, qu'il se fait en nous un certain classement des phénomènes psychologiques : les uns sont rattachés au groupe des phénomènes du monde extérieur, les autres sont groupés autour de l'idée de notre personne. Cette idée, juste ou non, qui est probablement en grande partie un produit de notre éducation sociale, devient un centre autour duquel nous rangeons certains faits tandis que d'autres sont mis en dehors de nous.

Sans discuter la valeur et la nature de cette répartition, telle qu'elle est faite chez l'homme à peu près normal, je constate simplement que certains malades rattachent mal à leur personnalité certains phénomènes que les autres hommes n'hésitent pas à considérer comme tout à fait personnels. Dans le délire de la fièvre typhoïde, une de mes malades me disait : « Songez donc à mon pauvre mari, qui a si mal à la tête; regardez mes enfants, qui souffrent tant au ventre : on leur ouvre le ventre. » Elle rattachait à d'autres personnes des sensations de souffrance que d'ordinaire nous n'hésitons pas à rattacher à nous-mêmes. On rencontre bien plus souvent encore une illusion un peu différente chez ces malades très nombreux que j'ai décrits sous le nom de *psychasténiques*. Beaucoup d'entre eux répètent sans cesse : « Ce n'est pas moi qui agis, ce n'est pas moi qui ai fait cela, ce sont mes mains qui l'ont fait toutes seules..., ce n'est pas moi qui mange, ce n'est pas moi qui parle.... ce n'est pas moi qui sens, ce n'est pas moi qui souffre, ce n'est pas moi qui entends..., etc. [1] » Il est facile de constater que chez ces malades les mouvements sont en réalité corrects, que les diverses sensations, même les sensations kinesthésiques et même les sensations viscérales sont parfaitement conservées. Mais le sujet déclare cependant ne pas les rattacher à sa personnalité ; dans la mesure où il le peut, il se comporte comme s'il ne les avait pas à la disposition de sa personne. Un malade de ce genre décrit récemment par M. Séglas déclarait n'avoir aucune mémoire, et autant que possible, se conduisait comme s'il avait perdu tous les souvenirs, quoiqu'il fût facile de prouver qu'il n'avait en réalité rien oublié [2]. Le trouble apparent de la mémoire, comme précédemment le trouble apparent des sensations et des mouvements, n'est ici qu'un trouble dans le développement de l'idée et du sentiment de la personnalité.

Un des derniers cas que j'ai eu l'occasion d'observer, est sur ce point, tout à fait démonstratif. Il s'agit d'un jeune homme de 18 ans que j'ai pu présenter à la Société de psychologie de Paris dans l'une de ses dernières séances.

Dans un petit papier qu'il apporte avec lui, Dr... nous expose comment

---

[1] Cf. à ce propos les observations que j'ai publiées souvent, *Névroses et idées fixes*, 1898, II, p. 62 ; *Obsessions et psychasténie*, 1903, I, p. 28, 307 : II, p. 40, 851.

[2] *Journal de psychologie normale et pathologique*, mars 1907, p. 97.

il a toujours été disposé, depuis l'âge de sept ans, à de singuliers troubles
de l'esprit. Il raconte qu'à cet âge il avait déjà des anxiétés, des terreurs,
à la pensée du ver solitaire, du cancer, de l'appendicite, qu'il éprouvait
de grandes émotions à propos des problèmes philosophiques, de l'infini,
du néant, de la mort, de l'âme, de la pensée, de la folie, etc. Mais c'est à
partir de l'âge de onze ans que les troubles se sont précisés.

Il prétend qu'à cet âge il s'est aperçu que les objets du monde extérieur se transformaient graduellement. Ils devenaient singuliers, drôles,
étranges, en tous cas différents de ce qu'ils étaient autrefois. Au début,
les objets anciennement connus restaient à peu près les mêmes, seuls les
objets nouveaux présentaient ce caractère d'étrangeté. Peu à peu le trouble s'est étendu à tous les objets sans distinction. Il a beaucoup de peine
à nous faire comprendre ce qu'il appelle l'étrangeté des objets : « Si nous
voyons un cyclope devant nous, dit le malade, nous sommes surpris de
lui voir un seul œil au milieu du front, parce que ce n'est pas l'habitude
de voir les hommes ainsi faits. Eh bien, tous les objets étaient pour moi
comme des cyclopes; ils n'étaient pas de la même façon que les objets
habituels... c'est bien cela, j'avais perdu l'habitude, le sentiment que les
objets étaient habituels... » D'ordinaire, ce sentiment d'étrangeté se com-
plique d'autres sentiments d'irréalité et de rêve. Le malade ne semble
pas avoir été jusque-là, parce que assez rapidement, dans ces dernières
années, le sentiment pathologique s'est transformé et que les préoccupa-
tions du malade se sont portées sur un autre point.

Les objets sont devenus un peu moins bizarres, ou du moins Dr... s'en
préoccupe moins : mais c'est lui-même qui est devenu étrange et irréel.
Il sent qu'il a perdu toute volonté, toute activité, et il va nous raconter
tout cela d'une manière amusante : « Depuis longtemps, je ne veux plus
rien, si il s'agissait de moi, je ne ferais absolument rien du tout, je ne
parlerais même pas. Je ne me remue pas, je ne fais aucun mouvement.
Cependant, me direz-vous, vous marchez, puisque vous êtes venu ici ce
soir, vous parlez. Cela est vrai, mais je n'y comprends rien. Ce n'est pas
moi qui agis, je me vois agir, je m'apparais à moi-même : je m'entends
parler, c'est un autre qui parle, une machine qui parle à ma place. Je
suis un pantin, un canard de Vaucanson, je suis surpris moi-même de la
précision de l'automate ». Il soutient aussi qu'il n'a plus aucune sensibilité, qu'il ne s'émeut absolument de rien. Et cependant il souffre si on le
pince, et vous pouvez constater avec moi que toutes ses sensibilités sans
exception sont conservées d'une manière parfaite. Cependant il s'entête :
« C'est la sensibilité morale qui est perdue, ce n'est pas moi qui sens. Je
ne m'intéresse pas à ce que je semble sentir; c'est un autre que moi qui

sent mécaniquement ». Il résume la situation par un ensemble d'idées qui deviennent chez lui singulièrement obsédantes : « Au fond, je ne suis plus vivant, je suis un mort qui erre sur la terre, un mort qui remue.... c'est bizarre, je le sais bien et je n'y comprends rien moi-même... Je suis comme un mort, ou, si vous voulez, je ressemble à un mort, je suis un mort vivant... Je ne suis ni plus, ni moins qu'une bête anéantie à petit feu... » Nous pouvons interroger le malade pour lui faire varier indéfiniment ses métaphores sans qu'il puisse parvenir à nous expliquer bien de quoi il s'agit. Il y a évidemment dans ses expressions une part d'idées obsédantes et de théorie qu'il a faite sur lui-même, mais il y a une grande part de sentiments profonds très singuliers que nous retrouvons chez beaucoup de malades. Des cas de ce genre ont été autrefois étudiés par Krishaber, en 1873, sous le nom de névropathie cérébro-cardiaque. Une belle observation tout à fait identique à celle-ci a été publiée par Ball en 1882. Comme chez Dr..., les troubles avaient commencé par le sentiment d'étrangeté et d'irréalité du monde et avaient amené quelques années après le sentiment de la disparition du moi. J'ai réuni moi-même, dans divers ouvrages, une collection de cas semblables. Il était intéressant d'y ajouter celui-ci.

Le langage de ces malades psychasténiques semble bizarre et même contradictoire ; c'est que, chez eux, le trouble de la personnalité n'est point total. Il se manifeste nettement dans certaines opérations que l'on pourrait appeler supérieures, dans le jugement de reconnaissance par lequel l'attention rattache le nouveau contenu mental à l'ancien, dans le langage avec réflexion, dans l'action volontaire. Mais les opérations élémentaires de la personnalité semblent être conservées : la conscience, cet acte par lequel une multiplicité et une diversité d'états est rattachée à une unité semble subsister. Le sujet déclare sans doute que ce n'est pas lui qui se souvient de cet acte, que ce n'est pas lui qui voit cet arbre, mais il s'en souvient tout de même, mais il continue à le voir. Du moins il est manifeste pour nous que cet individu continue à voir l'arbre puisqu'il nous décrit les changements qui se passent en lui et qu'il nous dit : « l'arbre est vert, ses feuilles remuent, mais ce n'est pas moi qui le vois ». Le trouble de la perception personnelle ne semble pas être profond.

Ce caractère incomplet du trouble de la personnalité se retrouve dans tous les accidents de ces malades psychasténiques. Ils ont des obsessions, mais ils ne délirent pas complètement et reconnaissent toujours l'absurdité de ces idées obsédantes ; ils ont des impulsions, mais ne les exécutent pas ; ils ont des phobies des actes, mais jamais de véritables impuissances ou de véritables paralysies ; ils ont des doutes interminables, mais non de véritables amnésies. C'est un trait de leur caractère de n'aller au bout d'aucun symptôme et ce caractère incomplet du trouble de leur personnalité rentre dans une loi générale.

II

Il existe une autre psychose dont tous les symptômes pourraient être mis en parallèle exact avec ceux de la psychasténie, c'est l'hystérie[1]. Cette maladie mentale a justement comme caractère essentiel d'exagérer, de pousser à l'extrême tous les symptômes précédents. Au lieu des obsessions précédentes avec doute, il y a dans le somnambulisme monoidéique des hystériques des idées fixes qui se développent à l'extrême avec hallucinations et impulsions complètes ; au lieu des doutes consécutifs, il y a de véritables amnésies, au lieu des phobies on se trouve en présence de paralysies complètes. Il est donc intéressant de voir la forme que va prendre dans l'hystérie le trouble de la personnalité que nous venons de voir incomplet dans la maladie précédente. Sans doute, quelques hystériques expriment de temps en temps à propos de certaines sensations des jugements analogues à ceux des psychasténiques et nous disent comme eux : « Vous avez pincé mon bras, mais ce n'est pas moi qui le sens ». Mais cette manière de s'exprimer est très rare chez les hystériques. Le plus souvent on observe chez eux une autre attitude qui nous force à admettre l'existence d'un trouble de la personnalité un peu différent du précédent.

Les faits que je désire rappeler à ce sujet se présentent à propos des opérations de la mémoire, de l'activité volontaire et de la perception. A la suite de certaines crises dans lesquelles les idées fixes se sont développées surabondamment et complètement sous forme de sentiments, d'actes et d'hallucinations, et que nous avons appelées des somnambulismes monoidéiques, le sujet se comporte comme s'il ignorait complètement ce qui vient de se passer ; il ne met pas ses souvenirs en doute, il ne les déclare pas étrangers à sa personne, il n'en parle pas du tout, il les ignore. Je connais un malade qui, dans des crises de somnambulisme vole divers objets et va les cacher dans plusieurs endroits. Au réveil, il est absolument incapable de retrouver ces objets et il s'est trouvé plusieurs fois à ce propos dans des situations très désagréables. Voici, comme preuve de l'importance de ces oublis, un fait très remarquable. Une femme de 35 ans, que je viens d'étudier récemment, s'est enfuie de chez elle à la

---

[1] J'ai essayé d'établir ce parallèle dans mon dernier ouvrage sur « *Les névroses* », 1909.

suite d'une scène de ménage. Dans un état d'esprit bizarre, elle a quitté Paris, s'est rendue à Marseille, puis à Nice et a même failli s'embarquer pour l'Algérie. Elle a été recueillie et soignée par des amis qui l'ont ramenée à Paris. Or, pendant son absence, son mari avait profité de cette fugue pour accuser cette femme de mauvaise conduite et pour introduire une demande en divorce. A son retour, avant d'avoir été éxaminée par aucun médecin, elle fut appelée auprès du magistrat qui, prenant pitié de son désespoir, l'adjura de raconter ce qu'elle avait fait pendant huit jours à Marseille et à Nice, pourquoi elle était partie, comment elle avait vécu, lui montrant de toutes manières que ce récit était indispensable pour sa défense. La pauvre femme, malgré ses efforts, fut incapable de se disculper : elle savait qu'elle avait été à Marseille et à Nice parce qu'on l'avait constaté et qu'on le lui avait dit ; mais elle ne comprenait rien elle-même à ce voyage et elle ignorait absolument ce qui s'était passé pendant une dizaine de jours.

Des faits de ce genre sont innombrablables : on sait que l'on constate des amnésies du même genre à la suite des somnambulismes artificiellement provoqués par l'hypnotisme, à la suite de l'exécution de certaines suggestions, quelquefois simplement à la suite de violentes émotions.

Si, au lieu d'interroger la mémoire, nous examinons les mouvements de ces mêmes malades, nous voyons que très souvent les hystériques exécutent des mouvements compliqués qui nous paraissent intelligents, qui seraient chez un homme normal en rapport avec une pensée bien nette et que cependant ces malades prétendent n'avoir à ce propos aucune pensée, aucune idée dont ils puissent se rendre compte. Une jeune fille de 18 ans qui travaille dans une maison d'apprêts a une querelle avec son patron, qui lui reproche un mauvais travail. Elle présente à la suite de singuliers mouvements des bras : son bras droit en particulier se balance devant elle de dehors en dedans, pendant qu'à chaque mouvement du bras elle rejette le haut du corps en arrière. Elle prétend ne pas savoir du tout ce que signifient ces mouvements dont on lui parle et qu'elle constate avec étonnement quand elle se regarde dans une glace : « elle ne les comprend pas, dit-elle, elle les sent à peine, et quand elle n'y fait pas attention elle ne s'en aperçoit pas ». J'ai observé bien des mouvements de la sorte, le coup de poing, le mouvement des mains en avant pour repousser quelqu'un, le mouvement pour jouer du violon ou même pour sauter à la corde, et les sujets conservaient encore la même attitude et disaient toujours qu'ils ne comprenaient rien à ces mouvements de leurs membres.

Cette ignorance de l'idée qui dirige le mouvement est particulièrement remarquable dans une de nos anciennes observations. Il s'agit d'une femme de 28 ans, B.. qui faisait très souvent des chutes dans la rue parce que tous les cent pas elle se sentait précipitée violemment en avant comme si elle sautait brusquement. Elle vint d'elle-même et seule dans une consultation spéciale se faire examiner les oreilles, parce qu'elle se plaignait de vertiges et qu'elle se demandait si ces vertiges n'étaient pas déterminés par quelque maladie des oreilles [1].

Sans doute les plus beaux faits de ce genre nous seraient fournis par l'examen de l'écriture automatique des médiums. Mais il n'est pas nécessaire de faire appel à ces phénomènes artificiels, la clinique nous offre des exemples d'écriture automatique très nette. Une malade obsédée par le souvenir de la mort de sa nièce, qui s'était suicidée en se jetant par la fenêtre, écrivait sans cesse sur tous les papiers à la portée de sa main des lettres à sa nièce et dessinait des fenêtres, et quand on lui demandait ce qu'elle avait écrit ou dessiné elle était toute surprise et prétendait l'avoir fait sans le savoir. J'ai décrit longuement l'observation amusante de My., cette femme de 38 ans est très effrayée par ce qu'elle trouve partout chez elle des morceaux de papier sur lesquels sa propre main a écrit à son insu des menaces terribles. Elle croit écrire une lettre sérieuse à un professeur de son fils et, quand elle relit sa lettre, elle voit qu'après trois lignes elle a écrit sans le savoir des absurdités : « Il faut mourir..... rien ne te tirera de là..... tu as été voir le médecin trop tard, etc. » D'autres malades n'écrivent pas, ils parlent tout haut sans s'en douter comme les petits prophètes cévenols, et eux aussi affirment qu'ils n'ont aucune conscience des mots que leur bouche a prononcés.

Les mêmes sujets, au lieu de présenter ces agitations motrices, semblent au contraire dans d'autres cas avoir complètement perdu le pouvoir de se remuer volontairement et présentent de véritables paralysies. Ils ne se bornent pas à dire comme les psychasténiques : « Ce n'est pas moi qui parle, qui remue, qui marche. » Ils cessent complètement de parler, de marcher, de remuer. Ils semblent avoir perdu, non seulement la possession du mouvement, mais la puissance même du mouvement.

Les perceptions de ces malades sont souvent bizarres et inexplicables. Une jeune fille de vingt ans, X.... ne veut absolument pas être touchée sur le côté droit du corps : elle ne souffre pas précisément de ce côté, mais tout contact à droite détermine un frisson, une impression de dégoût et de révolte : elle assure qu'elle sent cela sans rien y comprendre. Irène prétend que l'eau du robinet dans laquelle elle se lave les mains est devenue tout à coup toute rouge « comme si c'était du sang ».

[1] *Névroses et idées fixes*, 1889, I, p. 219.

Si je l'interroge, elle ajoute que cette impression lui est venue tout à coup
sans raison et qu'elle ne peut se l'expliquer. Une autre femme voit apparaître des draps noirs et des cercueils, tandis qu'une autre voit apparaître simplement la figure d'un nommé Joseph, qui l'embrasse, et elle
sent même les poils de ses moustaches frôler sa joue ; et elles sont fort
étonnées de ces hallucinations subites.

Dans d'autres cas, enfin, ces malades semblent avoir perdu la sensation : on peut les toucher ou les blesser sans qu'ils réagissent le moins du
monde. Quelques-uns perdent même l'ouïe et la vue ; quand on cherche à
les interroger, ils prennent l'attitude de sourds ou d'aveugles. Ils ne se
bornent pas comme les précédents à dire que la sensation est étrange,
qu'elle ne leur appartient plus, que ce n'est plus eux qui sentent : ils
semblent ne plus sentir en aucune façon. La perte que subit la personnalité, l'aliénation des phénomènes semble beaucoup plus complète que
dans le cas précédent.

Mais, pourra-t-on dire, dans tous ces faits empruntés à la pathologie
de l'hystérie les faits ne sont plus du tout comparables. Le psychasténique avait encore les souvenirs, les actes volontaires, les sensations. Il
vous disait bien : « Ce n'est pas moi qui me souviens, qui me meus, qui sens »,
mais il nous prouvait par son attitude et par ses paroles qu'il était capable
d'évoquer des souvenirs, de se mouvoir et de sentir. Chez l'hystérique,
ces phénomènes psychologiques dont le sujet ne parle pas n'existent
plus du tout, ils sont tout simplement supprimés ; c'est une tout autre
maladie. En aucune façon ; et c'est justement ce point que j'ai essayé de
démontrer autrefois en opposition avec l'opinion commune de cette époque.
Avec un peu plus de précautions que chez le psychasténique, en employant
des méthodes un peu différentes, en évitant plus soigneusement encore
d'attirer l'attention du malade sur les faits psychologiques dont on cherche
à constater en lui l'existence on peut parfaitement démontrer que ces
phénomènes existent quoiqu'il prétende les ignorer. En d'autres termes,
à côté de l'attitude négative du sujet qui affirme qu'il ne se souvient pas,
qu'il ne sait pas pourquoi il remue ou même qu'il ne peut se mouvoir,
qu'il ne peut rien sentir, on peut mettre en évidence une autre attitude
du même sujet dans laquelle il montre qu'il peut se souvenir, qu'il peut
remuer et qu'il sent très bien. La malade qui n'a pu, à son grand dom-
mage, raconter sa fugue au magistrat, va dans un autre état psycholo-
gique nous raconter tout ce qu'elle a fait et nous expliquer l'idée fixe
qui la poussait à s'enfuir. Une autre jeune fille de 20 ans qui, dans des
périodes de somnambulisme, fait des fugues de plusieurs jours loin de la
maison paternelle, semble aussi en avoir complètement perdu le sou-

venir, elle semble incapable de dire pourquoi elle est partie et où elle a été. Pendant qu'elle est distraite et pense à autre chose, je lui ai mis un crayon dans la main droite et elle m'a écrit la lettre suivante : « Je suis partie de la maison, parce que maman m'accuse d'avoir un amant et que ce n'est pas vrai. Je ne veux plus vivre auprès d'elle. J'ai vendu mes bijoux pour payer le chemin de fer, j'ai pris tel train, etc. » et dans cette lettre elle raconte toute sa fugue avec précision. Il en est de même pour des malades qui ont paru oublier des crises, des délires, des somnambulismes ou qui semblaient exécuter des suggestions sans le savoir.

Par les mêmes procédés nous constatons que les mouvements systématiques accomplis dans les chorées rythmées étaient accompagnées de pensées précises qui déterminaient leur systématisation intelligente. La malade chez qui nous avons constaté un mouvement de va-et-vient du bras droit affirme, dans l'état hypnotique, qu'elle fait continuellement le mouvement de soulever et de pousser un lourd fer à repasser. B., cette personne qui faisait un saut en avant et qui l'attribuait au vertige, nous explique une chose bien plus étrange : elle prétend qu'elle a au moment de ce prétendu vertige un rêve très compliqué. Elle a été peu de temps auparavant chez ses parents, qui lui ont vivement reproché sa mauvaise conduite ; elle se répète ces reproches, elle a de la honte et des remords et elle prend la triste résolution de finir ses jours. Elle croit être sur le parapet de la rivière et elle saute dans la Seine : heureusement elle saute seulement dans la rue, elle chancelle ou même tombe par terre et se relève en se disant qu'elle a encore eu un vertige.

Les individus mêmes qui ont perdu en apparence tout mouvement des bras ou des jambes présentent en même temps d'autres faits ou, si l'on veut, ont en même temps une autre attitude et nous forcent à penser que la représentation et la volonté du mouvement n'ont pas disparu en eux. Un homme qui avait les deux jambes paralysées se sauve sur les toits pendant qu'il est en somnambulisme et même pendant la veille exécute tous les mouvements que l'on veut, quand on sait les provoquer dans les conditions convenables. Combien de fois a-t-on démontré qu'un muet hystérique avait en réalité conservé la parole, qu'il parlait parfaitement en rêve, ou pendant l'état hypnotique, ou même tout éveillé s'il était distrait, et ne s'en rendait pas compte.

On observe des faits du même genre à propos des perceptions. Les hallucinations, les perceptions bizarres sont souvent en rapport avec des rêves compliqués. C'est l'idée fixe qu'elle a été violée pendant son sommeil par un homme couché à sa droite, qui donne à la dysesthésie de X... son aspect particulier : ce sont tous les rêves sur la mort de sa mère, ce sont les reproches qu'elle se fait à ce propos qui font croire à Irène que l'eau du robinet est rouge couleur de sang; ce sont leurs rêveries compliquées sur la mort des enfants ou sur l'amour qui font apparaître à nos autres malades les cercueils, les draps noirs ou les moustaches de Joseph.

Les sujets qui semblent tout à fait anesthésiques peuvent nous décrire dans un somnambulisme postérieur ou par d'autres procédés tous les détails des objets qu'on leur a mis devant les yeux ou dans les mains. Ne sommes-nous pas obligés de supposer que les sensations ont été perçues quoique le sujet nous ait précédemment dit le contraire.

En un mot, on observe chez l'hystérique deux attitudes contradictoires: l'une par laquelle il nous donne à penser qu'il sent, l'autre par laquelle il nous affirme qu'il ne sent pas. En réalité, cette contradiction existait déjà dans le langage du psychasténique: car, après tout, il est absurde de nous dire: « Je sens que je suis pincé au bras, et ce n'est pas moi qui sens le pincement ». Mais l'hystérique accuse encore plus la contradiction en laissant voir qu'elle sent sans le reconnaître et en répétant qu'elle ne sent rien. On peut trouver les attitudes de ces malades très absurdes, mais on doit cliniquement les constater, de même que l'on constate dans les diverses maladies mentales une foule de choses que nous ne comprenons pas, ou plutôt que nous ne penserions pas de la même manière. C'est le caractère singulier de ces phénomènes présentés par les malades hystériques: c'est cette attitude des malades, compréhensible ou non, que j'ai essayé de résumer autrefois par les mots de « subconscient, de rétrécissement du champ de la conscience, de désagrégation de la personnalité ».

III

Depuis l'époque où j'employais ce mot de « subconscient » dans ce sens purement clinique et un peu terre à terre, j'en conviens, d'autres auteurs ont employé le même mot dans un sens infiniment plus relevé. On a désigné par ce mot des activités merveilleuses qui existent, parait-il, au dedans de nous-mêmes sans que nous soupçonnions leur existence: on s'en est servi pour expliquer des enthousiasmes subits et des divinations du génie. Cela rappelle la phrase amusante de Hartmann: « Consolons-nous d'avoir un esprit si pratique et si bas, si peu poétique et si peu religieux; il y a au fond de chacun de nous un merveilleux inconscient qui rêve et qui prie pendant que nous travaillons à gagner notre vie ». Je me garde bien de discuter des théories aussi consolantes et qui sont peut-être très vraies, je me borne à rappeler que je me suis occupé de tout autre chose. Les pauvres malades que j'étudiais n'avaient aucun génie : les phénomènes, qui chez eux étaient devenus subconscients, étaient des phénomènes très simples, qui chez les autres hommes font partie de la conscience personnelle sans que cela excite aucune admiration. Ils en avaient perdu la libre disposition et la connaissance personnelle, ils avaient sur ce point une maladie de la personnalité, et voilà tout.

A propos des mêmes faits, et en se servant du même mot, d'autres théories ont abordé le grand problème des rapports de l'âme et du corps, de la pensée et du cerveau. Les phénomènes cérébraux sont-ils toujours accompagnés de phénomènes psychologiques ? Quand les phénomènes psychologiques diminuent, se réduisent à leur plus simple expression, ne tendent-ils pas à disparaître, et ne peut-on pas dire alors que les phénomènes nerveux subsistent seuls ? Certains mouvements incoordonnés dont le sujet se rend mal compte dans les convulsions, dans les chorées, ne peuvent-ils pas être rattachés à de simples phénomènes cérébraux sans qu'il soit nécessaire de supposer ici la présence de phénomènes psychologiques ? Et si nous nous avisions de baptiser ces phénomènes physiologiques sans pensée du nom de « subconscients », ne pourrait-on pas à cause de l'analogie du nom dire que tous les phénomènes de somnambulisme ou d'écriture automatique s'expliquent très simplement « par des nuages phosphorescents qui se promènent sur certains centres de l'écorce cérébrale ? »

Je me garde bien de discuter ces belles théories, qui séduisent certains esprits par leur apparence pseudo-scientifique et qui d'ailleurs ont probablement quelque vérité ; je me borne à remarquer que c'est encore là un tout autre problème. Sans doute la question des rapports de la pensée avec le cerveau peut être discutée à propos du somnambulisme comme à propos de n'importe quel fait de la vie normale. Mais, à mon avis, il n'y a aucune raison pour que ce grand problème soit particulièrement soulevé à ce propos.

L'assimilation de la conduite d'un somnambule, de l'exécution d'une suggestion, d'une page d'écriture automatique avec des mouvements convulsifs incoordonnés est un pur enfantillage. Ces divers actes sont identiques à ceux que nous sommes habitués à constater chez nos semblables et à expliquer par l'intervention d'une intelligence. On peut évidemment dire qu'une somnambule n'est qu'une poupée mécanique, mais alors il faut en dire autant de tous les hommes qui nous entourent : ce sont là des rêveries inutiles. Dans notre ignorance, nous savons simplement que certains faits complexes, comme une réponse intelligente à une question, dépendent de deux choses que nous croyons associées, un mécanisme cérébral supérieur et un phénomène que nous appelons un fait de conscience. Nous retrouvons les mêmes caractères dans les phénomènes dits subconscients, et nous devons supposer derrière eux les deux mêmes conditions. Pour pouvoir affirmer autre chose, il nous faudrait des connaissances précises sur les signes des phénomènes supérieurs ou inférieurs de l'activité cérébrale, sur les lois de l'association de la conscience avec ces phénomènes cérébraux, connaissances que nous n'avons en aucune façon. Ce n'est pas à l'occasion des symptômes mal connus d'une maladie mentale qu'il faut essayer de résoudre ces grands problèmes de métaphysique.

A mon avis nous avons bien d'autres problèmes psychologiques et cliniques à résoudre à propos du subconscient sans nous embarrasser de ces spéculations. Il me semble juste de se préoccuper tout d'abord des rapports qui existent entre la dépersonnalisation des psychasténiques et la subconscience des hystériques. Il faut étudier les types intermédiaires que l'on rencontre beaucoup plus souvent que je ne pensais autrefois.

On se souvient d'une observation étrange présentée autrefois par M. William James à propos d'une malade qui avait pris en horreur son bras anesthésique, l'appelait « old stump, vieux chicot », et cherchait à le blesser. J'ai eu l'occasion d'observer moi-même cette année un cas analogue qui me semble fort intéressant. Une femme de 30 ans, Sah... a présenté depuis longtemps des accidents hystériques qui se sont développés depuis l'âge de 20 ans à la suite d'une émotion terrible. Elle soutenait son père avec son bras gauche pendant qu'il cherchait à se lever de son lit. Mais il succomba tout à coup à la rupture d'un anévrisme et tomba sur sa fille ; celle-ci fut renversée et resta quelque temps sous le cadavre. Elle eut à la suite de violentes crises d'hystérie et une paralysie plus ou moins complète du bras et de la jambe gauche qui ont duré avec des alternatives plus d'un an et que je n'ai pas observées à ce moment. Ces accidents ont guéri et la malade prétend être restée complètement normale pendant plusieurs années. L'année dernière des pertes d'argent, puis la mort de sa mère ont rappelé la maladie primitive oubliée depuis près de dix ans. Après une période de fatigues, de tristesses et d'agitations elle fut prise tout à coup d'un sentiment ou d'un délire bizarre que rien ne pouvait expliquer et que rien ne lui avait suggéré. Elle se plaignait que son bras gauche était brusquement changé, qu'elle ne comprenait pas ce changement et ne pouvait pas le supporter. Son bras lui semblait être devenu quelque chose d'étranger à sa propre personne. « Ce n'est plus ma main, c'est comme la main de quelqu'un d'autre...

ce n'est plus une main humaine, c'est comme la main d'un animal, la main d'un reptile... je veux qu'on me rende ma main à moi... » Elle ne voulait plus se servir de cette main gauche et surtout elle ne tolérait pas que cette main gauche touchât sa main droite ou touchât sa figure. Cependant elle pouvait remuer volontairement sa main gauche et sentait les piqûres, les attouchements faits sur elle. En un mot elle avait tout à fait le langage et l'attitude du psychasténique qui répète : « Ce n'est pas mon bras, c'est le bras d'un autre, ce n'est pas moi qui marche, qui parle... » Il n'y avait qu'une irrégularité fort bizarre il est vrai, c'est que le trouble était exclusivement localisé à un membre ce qui est fort rare chez ces malades. Mais chez elle cette attitude dura peu de temps, car peu après elle commença une grande crise d'hystérie dans laquelle elle voulait battre et arracher son bras gauche. Après la crise elle eut tout simplement une hémiplégie avec anesthésie de tout le coté gauche. Alors elle ne parlait plus de son bras, ne s'en plaignait plus, mais ne pouvait plus le remuer et n'y sentait plus aucune impression, ou du moins le mouvement et la sensation ne s'y présentait plus que sous forme subconsciente. Quand elle se rétablit après plusieurs semaines, elle récupéra d'une façon complète le mouvement et la sensibilité de la jambe et d'une façon incomplète les fonctions du bras gauche; mais alors elle recommença à en parler avec horreur en disant que ce n'était pas son bras mais celui d'un reptile. Elle alterne en ce moment suivant qu'elle va mieux ou plus mal entre le langage psychasténique et le langage hystérique. Ce cas me semble des plus curieux pour montrer les relations qui existent entre ces divers troubles de la personnalité et les liens qui les unissent.

S'il en est ainsi, si la subconscience de l'hystérique n'est qu'une forme de la dépersonnalisation psychasténique, il faut chercher comment le sujet passe de l'une à l'autre. Dans certains cas comme dans le précédent il y a des transitions, dans d'autres l'une des deux formes s'installe tout de suite sans passer par l'autre. Dans certaines observations on observe chez l'hystérique des phénomènes analogues aux sentiments d'incomplétude et aux phobies des psychasténiques qui semblent préparer la subconscience. J'ai décrit à propos d'un cas remarquable d'amnésie hystérique une sorte de phobie du souvenir qui précédait l'amnésie et qui la suivait au moment de la restauration [1]. Il y avait véritablement une sorte de travail mental pour écarter un souvenir qui causait de l'horreur et

---

[1] Amnésie et dissociation des souvenirs par l'émotion, *Journal de psychologie normale et pathologique*, 1904, p. 417.

ce souvenir repoussé en quelque sorte de la conscience de la veille ne réapparaissait plus qu'en somnambulisme. On peut se demander si l'amnésie n'est pas déterminée par ce travail et si ce n'est pas aussi par un procédé de ce genre que certains malades passent de la phobie d'une fonction à la paralysie de cette même fonction. Ce serait le mécanisme de la répression volontaire dont beaucoup d'auteurs ont aujourd'hui exagéré l'importance. Je crois cependant que l'on ne peut pas tout expliquer par un mécanisme de ce genre. Beaucoup de sujets conservent indéfiniment des phobies d'une fonction sans arriver jamais à la paralysie et d'autres ont immédiatement la paralysie avec subconscience. Il faut toujours en revenir à mon avis à certaines différences fondamentales soit constitutionnelles, soit acquises dans l'état mental de ces individus. Chez les uns l'épuisement des fonctions cérébrales, qu'il soit déterminé par l'intoxication, par la fatigue ou par l'émotion, se manifeste seulement par une réduction générale, par une sorte de décapitation de ces fonctions qui semblent perdre leur partie supérieure et la plus récemment acquise : chez les autres l'épuisement cérébral amène rapidement un rétrécissement de la conscience avec la dissociation de la personnalité, la suggestibilité et la subconscience qui en dépendent. Analyser ces deux dispositions fondamentales me paraît plus important pour comprendre le problème du subconscient que toutes les spéculations métaphysiques.

Il y aurait encore bien d'autres problèmes cliniques et psychologiques à propos de ces malades singuliers. Je ne puis signaler ici que les principaux : j'ai voulu surtout indiquer le point de vue qui me paraissait le plus utile. C'est surtout dans la clinique psychiatrique qu'est née la question du subconscient, elle n'est pas encore assez mûre pour en sortir. Ce problème est posé avant tout par l'interprétation de l'attitude de certains malades. Il faut constater ces attitudes sans les déclarer absurdes ou impossibles, il faut chercher à les comprendre en rapprochant divers malades les uns des autres de manière à saisir les intermédiaires qui expliquent l'évolution des phénomènes.